中國古代珍本術數叢刊

遼東龍伏山人撰

奇門鳴法

北京王力軍先生藏本

王力軍印

華齡出版社

圖書在版編目(CIP)數據

奇门鸣法 /（清）龙伏山人撰，张东海抄录；王力军勘.
—北京：华龄出版社，2012.5
ISBN 978-7-80178-937-2

Ⅰ.①奇… Ⅱ.①龙…②张…③王… Ⅲ.①奇门遁甲—研究 Ⅳ.①B992.2

中国版本图书馆 CIP 数据核字(2012)第 058239 号

奇门鳴法 一函二册

著者：（清）龙伏山人 撰 王力军 校勘
責任編輯：薛治 唐莉
出版發行：華齡出版社
地址：北京市西城區鼓樓西大街四十一號
郵編：一〇〇〇〇九
電話：（〇一〇）八四〇四四四四五
傳真：（〇一〇）八四〇三九一七三
印刷：三河市九州財鑫印務有限公司
版次：二〇一二年五月第一版 二〇一五年八月第二次印刷
印數：三〇〇
書號：ISBN 978-7-80178-937-2
定價：六八〇圓

ISBN 978-7-80178-937-2

高山景行

——易儒王力軍老師與奇門諸秘本出版之緣起

『易儒』稱謂由來

十多年前，在我供職于某出版社從事易學圖書的編輯出版工作時，即有幸認識了易學泰斗王力軍老師。時王老師成名已久，但謙衝平和，和藹可親，諄諄以教我。王力軍老師1952年生于北京，自幼喜愛中國傳統文化，醉心于三教經典，凡近四十餘年。因特殊機緣，王老師從十歲起開始研究易經與術數之學，受業于數位名儒大家，青年時期更得到知名學者、國學大師梁漱溟教授的指點。王老師曾師從中國著名易學家潘雨廷教授學習虞氏易學，造詣尤深。在多年的學習生涯中，王老師還受到多位民間術數高人的點撥和秘傳，于奇門、紫微和梅花之學，都有自己獨特的理論體系和預測方法。經過近四十年的潛心研究與求索創新，他深刻領悟了中國傳統文化的精髓。其爲人，謙虛厚重，獎掖後學；其治學，融貫古今，博大淵深；其處世，不忮不求，察微知顯。成名以後，大江南北，拜訪求教者良多，請求指點者更衆，無論驅馬高蓋的達官貴人，還是引車賣漿的平民百姓，王老師都廣結善緣，多方施與，『不戚戚于貧賤，不汲汲于富貴』。凡我學人，莫不得其嘉惠，感佩非常。多年來，學術界因其非凡的人格魅力和深厚的國學功底，尊稱其爲『易儒』。儒者，行爲萬世師，言爲萬世法，學界之泰斗，後輩之楷模。

奇門遁甲簡介

奇門與太乙、六壬合稱三式，是一門起源甚早的神秘學，可以察微知著、决斷先機。三式之中，太乙占天數、六壬斷人事、奇門測地利，多用于治國安邦、軍事戰爭。『奇門遁甲』的含義是由『奇』、『門』、『遁甲』三個概念組成。何謂奇？奇指的是奇儀，并非單指乙、丙、丁三奇；何謂門？門指的是星門，并非單指休、生、傷、杜、景、死、驚、開八門；何謂遁甲？遁甲并非是坊間臆解的用六儀來代替，而是貫穿于整個奇門盤局之中的血脉，時時刻刻都起着非常重要的作用。缺奇儀則九宫猶空廈萬間，缺星門則九宫無卦氣，缺遁甲則時空無運轉。所以奇儀、星門、遁甲三者缺一不可，環環相扣，互爲關聯。考察盤局，人事行爲、時空環境、陰陽變化，四季旺衰，生克刑破，吉凶悔吝，無不一一如在指掌。奇門遁甲以河洛八卦爲基礎，結合星相曆法、天文地理、八門九星、陰陽五行、三奇六儀等要素，可以曉古通今，因此自古被稱爲帝王之學。在古代軍事著作武備志、虎鈐經等書中，奇門都占了大量篇章。據史籍記載和古代傳説，姜太公、諸葛亮、張良、劉伯温等歷代大政治家、軍事家都精于奇門遁甲，留下了大量的奇門典籍。

奇門典籍傳世很多，但主要分轉盤和飛盤兩大流派，轉盤的有奇門遁甲秘笈大全、奇門統宗、奇門五總龜、奇門元靈經、奇門寶鑒，飛盤的有奇門旨歸、奇門一得、奇門法竅、奇門心悟等。奇門推演、排盤方法多至十多種，坊本和官版多用轉盤，而飛盤多在民間秘密流傳，大都以口訣形式口耳相授，得真傳者鳳毛麟角，以致面臨失傳的境地。

考察文獻典籍，早在春秋戰國前，奇門術就已經存在并被廣泛應用。孫子兵法中的『九地』、『九天』，乃是奇門中的『九神』。奇門推演始自河圖洛書、九宫八卦，四庫全書提要稱其『諸術數中最合理致』。王老師于上世紀七十年代初即痴迷于奇門之學，得遇王德榮老先生秘傳『奇門鳴法』，口授心傳，盡得要旨。在四十多年的治學生涯中，王老師閲讀了大量的古籍秘本。位于雍和宫後的柏林寺國家圖書館書庫所藏的奇門古籍百餘種，王老師均一一研讀。王老師早年即留心搜集傳統文化典籍，不論是散見于中國書店或潘家園的珍本古籍，還是港臺的術數著作，幾乎找到一本看一本，出版一本買一本，耗資巨大。雖然當時經濟并不寬裕，仍傾盡全力，收集了很多珍本秘笈。而今古籍得到收藏界重視，價格直上雲端，有些古籍，其價值已然難以估量。但王老師從不吝惜，更不保留，對于同道之所需所求，莫不全力支持，從不求任何回報。

秘本出版緣起

上世紀九十年代初，遼寧省圖書館所藏的矯文彦本奇門鳴法面世，學術界掀起了研究飛盤奇門的熱潮。一經入手，研習者均發覺鳴法奇門自成體系，奧妙無窮。可惜遼圖本僅是殘本，祇有六卷，其中的奇格篇還缺了不少内容，後面的遍干、週游、占法三卷亦蕩然無存。二十年來，學者們爲窺全豹，莫不孜孜以求，甚至于有人爲求全本，開出了三百萬的高價。其實，王老師早就收藏有張東海居士于1932年手抄的奇門鳴法全本，却從未曾爲利益所動而輕易示人。

近年來飛盤奇門以其獨特的魅力爲研究者們所重視，但由于所見所知有限，大家在學習飛盤奇門時碰到了不少的困難，甚至走了不少彎路。現在王老師年至花甲，認爲奇門鳴法面世機緣已至，因此把此書及珍藏的其他珍本秘本貢獻出來，授權我正式出版，公諸于世。希望借此機緣，將畢生所學傳于有緣，使飛盤絶學發揚光大，造福社會。

奇門鳴法源流

張東海居士奇門鳴法抄本，分上、下二卷，共九篇。上卷四篇，爲入門、開端、用神、正格；下卷五篇，爲輔格、奇格、遍干、週游、占法。據記載，奇門鳴法成書于清朝同治辛未年（1871）。庚午年（1870）冬，天真子孫道一老人，將得之于峨眉山宏農道人的心印口訣，傳授給遼東的龍伏山人，龍伏山人筆録口訣而成奇門鳴法一書。是書自成體系，内容完備，理法俱在，其内容均爲奇門他書所未見，可謂『句句金鎖，字字珠璣』。此書于民間秘密傳抄，能見到全本的恐怕祇有寥寥幾人而已。百餘年來，我中華歷經兵燹戰火，其抄本大都湮没無存，要想尋見全本，非常之難。此次影印出版的奇門鳴法是最完善的一個本子，其底本是王力軍老師珍藏了近二十年的一部真正全本，由張東海居士于1932年手抄而成，一字不漏，保存良好，書法老練大氣，字迹美觀清晰。現在這個抄本已經是全世界難得一見的孤本，其價值之珍貴，難以用數字來衡量。

鳴法體系傳世著作有三部，即奇門鳴法、奇門衍象、奇門樞要。奇門鳴法是理論體系和運用，奇門衍象是占法指南及深入，奇門樞要是實際經驗與心得。鳴法源頭，因資料的局限，目前無從可考，但其理法暗合古奇門一脉，理數和推衍暗合了宋代陳摶先生的河洛數理。同時，鳴法也與宋代邵雍先生的皇極經世理論有很深的淵源。從應用上來講，鳴法兼六壬之精要，立根基于八卦，承五行之内涵，法陰陽之轉變；事事具聯三乙，處處皆顯動静，明主客以辨彼我，視進退而控先機，真正體現了『八卦甲子，神機鬼藏』的古奇門理論，可以爲運籌决策提供重要參考。王老師爲弘揚我中華民族之優秀文化，因此將畢生珍藏的奇門鳴法全本貢獻出來，作爲學術界與奇門愛好者研究之用。以此因緣，願將畢生所學與同好交流，同時就教于各位先進。王老師再三囑我曰：『如遇有緣之人，亦當將鳴法之學傾囊授之，將此絶世之學發揚光大。』

《奇門仙機》與《奇門心法秘纂》

奇門仙機、奇門心法秘纂二書傳自内宫，館閣小楷工筆録就，精工繕寫，當世無兩，是爲世人難得一見的奇門秘籍。二書與秘本奇門鳴法同爲王力軍先生的藏本。奇門仙機包括奇門八卦先天要論、八門宜忌動靜克應占驗、八門分論、窮神明物章等四個部分，均爲從未面世的奇門秘典。奇門心法秘纂主要包括提綱九法、九星論、諸門秘法、總發天機、奇門三盤辨、甲符元神秘論等内容。

奇門遁甲是一種研究時空動力的超時代學問。奇門遁甲的演繹過程中，用八卦記載方位，用十天干而隱其一，配九宫記載天象及地象之交錯，用八門記載人事，用九星八神記載環境要素。有時間，有空間，充分地表現出古人宇宙觀的智慧。而上述種種學問，在以上二書中均有詳細的闡釋。二書論次分明，内容詳盡，可操作性强，多有不傳之秘録入，正是研究奇門者必備之典籍。奇門仙機、奇門心法秘纂與奇門鳴法的面世，爲道門古老的學問做出了新的貢獻。

高山仰止，景行景止

中華文化的傳承，如長江之水天上來，不可分割；如東海之波濤，浩渺無際。左傳曰：『太上有立德，其次有立功，其次有立言，雖久不廢，此之謂不朽。』立德，謂創制垂法，博施濟衆；立功，謂拯厄除難，功濟于時；立言，謂言得其要，理足可傳。卜筮之道，曰精曰微；卜筮之情，以精以誠。王老師不慕榮利，博施濟衆，嘉惠來學，可謂立德；正法教衆，功濟于時，利在千秋，可謂立功；言傳身教，理足可傳，不立門派，是謂立言。今之王師，亦古之聖人歟！

易本隱之以顯，雖兩派六宗，莫不推卜筮之道以爲正宗。但古往今來，研習術數之人往往敝帚自珍，不肯明明白白地將所學傳世。易曰：『鳴鶴在陰，其子和之；我有好爵，吾與爾靡之』、『同聲相應，同氣相求』、『雲從龍，風從虎，聖人作而萬物睹』。因緣已至，既得其時，又得其人，如何不傳？其實，無論何種秘術秘法，其歸結無非濟世救人，造福于世。傳法于衆，功莫大焉。有法不傳，湮没聖賢之心血，罪亦莫大焉。得其人而授之，正是聖人創制經世之學的本意。王老師此舉，正合聖賢之心印，後學之人，豈能忘懷？值此出版之際，我們謹向奇門鳴法諸位先賢，鄒妙峰、宏農道人、天真子孫道一、龍伏山人矯廷嘻、矯文彦、王德榮等前輩，同時向鳴法傳人王力軍老師，致以最崇高的敬禮。

王老師早年精研佛學，早已經放下紅塵中種種功名利禄的牽絆。有人説，大隱隱于朝，中隱隱于市，小隱隱于野。其實，對于道德高妙如王老師之人，何須歸隱？真正的平静，不是避開車馬喧囂，而是在心中修籬種菊。雖然往事如流，也不過是鴻爪雪泥。祗要執念消除，便時時寂静安然。我覺得，研究任何學問都不過是手段，心靈的皈依才是最終的解脫。我輩後學，或許術不能驚人，行不能顯衆，又有何傷？但能有幸聆聽王老師的教誨，感受大師的風采，得有所益，我心足矣。詩曰：『高山仰止，景行景止。雖不能至，心向往之。』正是我此時心境的寫照。

時公元二〇一二年三月

鄭同謹撰于北京

東海居士

奇門鳴法 上卷

中華民國七年二月

王力軍印

入門

奇門遁甲鳴法 上卷

遼東龍伏山人撰

陰陽秘旨極玄微、二至分途順逆飛、

註　沖合天地之氣。無過乎陰與陽。流攝陰陽之理。無過乎節與氣。冬至陽生。夏至陰生。陽生則陰消。萬物隨之以生。陰生則陽消。萬物隨之以死。此乃氣數往來之候。故奇門家用之。以陽順陰逆也。異途以星神門儀飛而佈之。則玄微之旨明矣。

（冬至後陽遁順行神儀
夏至陰遁逆行星門無逆

先排掌上九宮位、

註　九宮者、坎一白、坤二黑、震三碧、巽四綠、中五黃、乾六白、兌七赤、艮八白、離九紫、

次按節下三元推、

註　按冬至、小大寒起、一二三、為上元、立春雨水驚蟄起、八九一、春分清明穀雨起、三四五、立夏小滿芒種起、四五六、為上元

即冬至驚蟄一七四、小寒二八五同推、春分大寒三九六、

立春八五二相隨、穀雨小滿五二八、雨水九六三為法、

清明立夏四一七、芒種六三九為宜、十二節氣四時定、
上中下元是根基、此為陽遁順行九宮也、
又於夏至小大暑起、九八七、立秋處暑白露起、二一九、
秋分寒露霜降起、七六五、立冬小大雪起、六五四、
即夏至白露九三六、小暑八二五之間、大暑秋分七一四、立
秋二五八遁还、霜降小雪五八二、大雪四七一相関、處
暑排来一四七、立冬寒露九六三、此是陰遁起例法、
節氣推移細心參、此為陰遁逆佈九宮也、又於五日為一元、
盡六甲之數、十五日為三元一氣三數、而以甲己加子午卯酉
為上元、加寅申巳亥為中元、加辰戌丑未為下元、上元則用上局、
中元則用中局、下元則用下局、從而佈之、自甲子冠首、至癸亥止、則
三元三局、自隨此解矣
交氣正時為心法、

註 認局之法、當以氣候之正時為定、而分三局、上中下、上元用上局、

下用下局、中用中矣、隨時而佈之、不必拘定超接置閏、正授之局也、

拆補之局是妙捷、 拆補者、總以交氣之時、在何甲旬內、上元上局、中佈中、下佈下、斯局定矣、

註

拆補局法、蓋不必掏（拘）泥上中下之排、或上中下、或中上下、或下上中、皆有是故為之拆也、夫即拆、何云補、然源交氣之時、非果居於上、或中、或下、多有之、在中必得拆字於中、在下當字於下、即此候之下中局、而拆必得於此候之中下局、而補之也、是以謂補、夫天地之大本者、氣也、氣以來、而萬物隨之、所以超、氣以往、而萬物隨之（所）以伏、是故當來氣來有不發生者也、當往之氣、未有不收斂者也、天地之中、只此氣而已矣、一消一息、萬物備俱、而未有超出其範圍者也、況奇門之數、乃理數之學也、古聖者、法效盈虛而術之、冬至後陽遁順而佈之、夏至後為陰遁、逆而推之、以十五日有奇、分為三候、別為三局、順甲子為首、至癸亥為止、周而復始、終無了竭、豈有（今之）俗本、以氣已至、而局不交、氣未至、而局先換之、是（論乎）以偽乱真、大失根本、

根本一失、求人之有手無足、有目無口、欲使其言語動作則必不可得也、用之豈能響應乎、故從拆補之法為的、

冬至十二為陽遁、夏至十二為陰遁名、

註 冬至十二謂冬至、小寒、大寒、立春、雨水、驚蟄、春分、清明、穀雨、立夏、小滿、芒種、為陽遁十二節、乃陽遁也

夏至十二謂夏至、小暑、大暑、立秋、處暑、白露、秋分、寒露、霜降、立冬、小雪、大雪、為陰遁十二節、

辨起陰陽各局佈

註 謂此陰陽遁數之理、須於各節氣之中、分定三局、察其某局宮、而甲子時也、

六儀三奇一時移、

註 此承上節而言、謂已明陰陽局法、則能佈起、甲子戊、甲戌己、甲申庚、甲午辛、甲辰壬、甲寅癸、之儀、星奇丁、月奇丙、日奇乙之奇矣、

要將六儀直符取、須以八門直使隨、

註 六儀即為直符、而同其六儀之宮、八門者、即為直使也、

直符加於時干上、直使加之在時支、

註 以直符加於時干地盤之宮、以直使加於旬下時支之上、假如陰遁二局、甲辰壬丙午時、則地盤丙字在四宮、即將甲辰壬加於其上、是謂直符加時干也、再將自地盤七宮甲辰壬、逆數辰巳午時、丙午支在五宮、即將驚門加之、是為直使加時支也、若陽遁二局則不然、丙以甲辰壬加地盤九宮丙奇上、復以開門加地盤八宮、為直使、餘

倣此、此論以直符地盤門、無論飛到何宮、就是直使、陰陽遁同是、

陽遁順儀奇逆布、陰遁儀逆奇順推、

註 陽遁則順佈六儀、逆佈三奇、陰遁逆布六儀、順布三奇、總以捉法、戊己庚辛壬癸丁丙乙、飛宮而定則終無謬矣、

九神順逆隨遁轉、

註 九神者、直符、螣蛇、太陰、六合、勾陳太常、朱雀、九地、九天也、陽遁順飛、其奇儀無殊、但勾陳有用白虎之時、朱雀有用玄武之時、

是因事而用之、不必拘泥、陽遁用勾陳朱雀、陰遁用白虎玄武之野談可矣、

八門九星順宮飛馳、以象列宿天旋轉九宮會逆、是根基、

註

休、死、傷、杜、中、開、驚、生、景、是也、九星者蓬、芮、沖、輔、禽、心、柱、任、英、

然則八門九星、無論陰陽、皆要順擺、何謂也、蓋九宮無逆、

八門出自九宮之使焉、亦象列宿天旋轉也、夫七政有順無逆、有進無退之説爾、

八門九星飛排定、五隨五佈六七宜、中宮蓋皆無直使、為五（直使）罕人知、

總然八門以在五、何必寄於（宮）四維、

註

八門皆要隨宮飛排、若以五宮當自五佈玄（去）而向六七焉、

五乃為皇極、雖（雖）無門使、則當以五直使而遂位飛之、若天子巡狩、百官從之、是以不必据借本之、春季、艮用生、夏寄巽用杜、秋寄坤用死門、冬寄乾用開門、之野談耳、

日課二季（年）兩氣應

三十年為一世合計三百六十個局

註

法以子、丑、寅、卯、辰、巳年為陽遁局、午、未、申、酉、戌、亥年、為陰遁局、子起冬至、小寒、丑起大寒、立春、寅起雨水、驚蟄、卯起春分、清明、辰起穀雨、立夏、巳起小滿、芒種、是為陽(遁)局、午起夏至、小暑、未起大暑、立秋、申起處暑、白露、酉起秋分、寒露、戌起霜降、立冬、亥起小雪、大雪、是(為)陰遁局、於此六十有奇為一元、冬至、雨水、穀雨、夏至、處暑、霜降六日為換元之日也、所以一年有二氣、而備六局之數、十二年有

二十四氣、而備七十二候之數、二換去周而復始、其星(起日之)法可知矣、

月法長伴世局持、

註

法以十二世為運。一世應一辰。次六十月為一局、(合七十二局即七十二候)四千三百二十月為一陰陽遁、(十五年為一氣)一世而主二氣、即(冬至、小寒在子宮、)大寒立春在丑宮是也、所以一運之中而數備矣、乾隆九年、甲子年、甲子月、蓋冬至一局、甲子課、廿四年己卯年、甲子月、小寒上元、甲子局也、約(然均)以五年為一局、十五年應三局之數、三十年則六元焉、甲午年、甲子月、乃大寒三局、甲子月、

課。己酉年甲子月、則立春上元。甲子局也、嘉慶九年、甲子月象雨水、己卯年、象驚蟄、道光甲午年、象春分、己酉年［廿九年］象清明、［上元］同治三年甲子、象穀雨、上元、［五局］光緒五年己卯、象立夏上元、［四局］十年甲申象中元局、十五年己丑下元局、二十年甲午象小滿上元、民國三年甲寅、象中元、八年己未象下元、至十三年甲子、乃夏至上元、陰遁九局、

年依運氣十有二、

註

法、以十二運為定。一運應一辰、次六十年為一局、四千三百二十年、為一陰陽遁。一運而主二氣、即冬至小寒在子宮是也、一會之數、乃如二年半耳、故當年年會土運、蓋霜降立冬之二氣、今之十二運、乃小大雪是、同治十年在小雪二局也、辛未年課也、至民國十三年、甲子在大雪上元陰四局也、［甲子年課也］

世從會算天元位、

註

法以十二會為定、一會應一辰、次六十世為一局、四千三百二十世為

一陰陽遁、即是十二萬九千六百年、盈天地始終之數也、

每會有二氣、六局定之計堯舜世、課陽局之極、蓋芒種九局、己未世課、虞舜乃壬戌癸亥局焉、今由夏禹算、佈夏至陰九局甲子世課、推至明洪武十七年甲子年、換夏至六局甲子世課、迄今同治甲子年則己儀庚辰世課、至清光緒廿年、甲午年乃辛巳世課、今民國十三年甲子歲、乃布壬午世課也、

註 二十四氣改分野世、年月日、獻數危、

每於節氣時、各命一盤、以參星宿分定也、則知某縣也、禍福某省之安危、皆可以洞悉耳、於世年月日時局、詳其治乱由之衰災火祥存滅何世、滅賊何年除乱何年、禍福何日、則不了然於胸中矣、

盤盤甚有支神位、甲子起子已戌施、

註 法以甲子戌旬於戌宮起子、甲戌己旬於巳位起戌順逆飛排、則刑德神煞可知矣、

復自甲而數至癸、位位暗干可知也、

復自甲而數至癸，位位暗干可知也

註 以甲子戊旬，於戊宮起，甲至癸。甲戌己旬，於己上起，甲數至癸。余甲亦然，順逆飛排，與時支同行驗矣，暗干居生旺衰弱之地，於不動，並用神，命宮之勃格，吉凶反暗中之小人暗裡之機密，無不洞然前知矣，

暗支可以知神煞，暗干可以公私，神煞公私皆知，要明星神，與門儀，

註 此承上節而言，申明暗干暗支之義也，

戊己庚辛壬癸儀，三奇丙丁乙，六隊戊凶之主，三奇總言吉，而宜。甲乙丙丁戊為陽長，庚辛壬癸己陰消，若然戊奇在艮，己奇於坤，是衰六甲隱藏六儀之下，遁甲一聲從此推，

臆 音意 胷也 滿也 抑也

註 此言陽長陰消，分定吉凶之名，非臆度所能知也，至於三奇六儀，前已註明不必復贅焉，

八門，休死生傷杜，開驚生景中續五，開休生乎為吉門，

傷杜景死驚凶戶、惟中（清）五無吉凶逢之仍屬沒門路、

有門有路尚可遊、無門無路休展步、

註開陰極陽生、休一陽復來、生陽發資物、三者皆陽氣之動、故謂之吉也、傷陽洩精華、杜陽極陰始、景一陰始結、死陽氣已消、驚陰氣肅殺、此五者乃陰氣之凝、故為凶也、中五皇極之位、安寧之閼、與百官之巡狩八方在處、即帝坐宮宸、而當（常）人道之非吉、但又無門無路、而步則何由得展也

故以遊之為宜、

蠹　音杜　蝕書魚也

九星蓬芮與冲輔、禽心柱任天英佈、大凶大否蓬芮宮、次凶次否英柱度、輔禽心白星上吉方、天冲天任小吉路、凶逢生處旺更吉、凶至剋宮喜轉怒、吉得生鄉大吉昌、凶於弱地凶不顧、凶星失地第變吉星、吉宿非時凶似蠹、

註

九星之吉凶本璇璣與玉衡、但凶星、亦有吉時、吉宿亦有凶時、其得第失第、生宮剋宮是也、假如天蓬臨於坤艮、受土之剋、

何凶之有、至逢春夏之際、死囚之地、時值衰替、搃得生扶、則害亦難成焉、吉星之藏否、盖倣諸此、

九星神值符與螣蛇、太陰六合共勾陳、次佈太常及朱雀、九地九天順宮尋、午後白虎玄武治、陰陽順逆隨儀遁、值符九天吉最宜、太陰六合九地利、勾陳螣蛇為最凶、白虎玄武乃災祟紫、朱雀旺則小吉云失第之時轉凶事、太常五行化氣神、吉凶無應皆不喜、明得星神門儀奇、格局吉凶要周備、九神之吉凶、盖本卦之性情而來也、其用勾用虎用玄用朱之義、在學人按經會悟、依然尋幹求枝焉、

右第一章、釋入門佈局之儀也、

須曉要明開口當、天盘發用時干乃是主宰神藏时干、格局吉凶乃藏否格、吉則吉兮凶則凶、進退存亡洩咫尺、

註

時干乃一時之主宰、一卦之綱領、事之禍福、為之成敗、前盖皆見而可進可退、當存當亡、無不瞭然、在日與夫天乙、太乙、地乙、之相生尅、並應用神年命相較、其始末之由、休咎之驗、全在茲矣、

次便詳查天乙宮應事未來爲初起太乙人盘事應中家門吉凶

詳細用地盘地乙未緣由所主之事是遠計

註　天乙者天盘直符也主事之初應太乙者人盘直使也主事之中應並家内之姸媸地乙者地盘直符也主事之末應皆以其宮格局吉凶而論之及参合時干年命用神生尅以决之

四宮定分年命推所補用神要参契假若来人問求謀事干年命定隆替

四宮者即天盘時干宮天乙太乙宮地乙宮也年命者即本

註　人年命宮也假如戊年生人則看天盘戊子宮甲年生人亦然用神者即求謀以干宮甚年命宮生尅决之余做此

季尅年命凶(年內)月尅年命月內凶日生年命日內爲時生年命時內美

年月日時四天干天盘奇儀九宮吉與年命生尅相較看吉凶禍福可啟齒

註　卜年運月命日下時間皆察此四干之宮而與年命宮生尅决之

若論生尅：者間、総以生我而為吉、我若尅他亦須查、他來尅我終非喜、

無論何事、総以他來生我為吉、若來尅我、須詳所問之事、若我去求

註

他的文藝財物、雖屬尅我、主我所得必速、則以不謂之凶、若非此類、再逢

凶格 其害必速也、其我尅他、亦查其問事、若彼人來向我求財求物、而我雖

尅他、不免與他人之財、若非此類、再得吉格 其吉可言也、至於我去生他、其中必是

耗我的神氣、我難獲其善、不可不慎、學者如此斷决、則無不中矣、

用主用客非似此、地盘地乙是主司、天盘直符天乙名、九宫以斯為

数（客）基、中人都來觀太乙、生尅彼我驗酷疵、

註

以地盘直符為主、以天盘直符為客、以人盘直使為中人、徵主客

之生尅、攷中人之偏正、明心會悟、自可了然於胸中矣、

批則開口取断、無不舉杆見影矣、

休咎定身天盘時、主客分明虛與實、時生地符主軍與時

生天符客軍吉、若然直使加時干、中人份外心自安、其或主客同受生、

兩造吉凶法遠、一尅客盗客：非宜、盗主尅主：有失、主客若皆

任縱橫、書符合道求神聖、雷霰飈來心有聲、如遇天陰小雨降、陰謀固守天柱邊、雲生氣施、逢天任、謁鬼禳神此處驚、柔火同晴兼敵詩、亢旱推之在天英、

註

此上乃九星值時之應、以主天時之事、

九天值時好揚兵、九地潛藏可安營、伏兵上審太陰位、六合交城利埋兵、朱雀之時要調說、火攻善用螣蛇魔、勾陳決定遣人捕、白虎交鋒死鬥戈、玄武逢之劫寨去、太常以酒迷嘍

囉、直符最好安將佐、此是九神運用歌

註

九星專司地理、故兵家主之以尅時干之值時開門半宮合、求名應試定甲科、休為喜樂合美事、生主耕耘並途瘥、傷值捕獵兼討債、杜好藏形與遮掩、破陣投書須驗景、行刑弔孝死迍庭、驚能詞訟行欺詐、中五無門宜守窩、八門九路十宮攷、禍福再憂奈何、虞可

註

八門主人事應尅乘時干助禍福

右第二章、釋開端四宮之秘、

主力軍印

用神

口為用神法一端，求財謀事生上觀，行市升降亦依此，貨殖興衰細心參，

註 占求財須看生門宮，格局吉凶，與年命宮，生剋盜洩决之，若生門宮生命，剋命，比命，其財必得，若命宮剋生，則反是，其行市漲落，只生門宮格局吉凶，延制和義旺衰斷之，則不必與命參矣，實賣貨物利息有無，並謀生財之地，亦倣此，

功名詞訟問開門，干生剋主客年觀，

註 如占以開門，與年命宮，生剋盜洩决之，占詞訟勝負，以開門為長官，

察其生剋主客而斷之，蓋原告為主，被告為客，

捕人討債，都三位尋物，傷門要驗看，

註 捕人以傷門，與六合論之，討債以傷門，與天乙論之，尋物以傷門，與年命論之，則無不驗矣，

丁庚加直使，為玉女，太白，守門，

家中否泰看直使，

註 占家宅之吉凶，以守門之奇儀為定，即玉女守門，太白入門之類是也，

六合太陰，逃亡，定安危，

男為六合，女為太陰，

註　如占盜賊、人去而相六合之宮、去失亦然、

涉水、婚姻休上遇、

註　如占婚姻、以休門為喜神、直符為男家、乙為女家、六合為媒妁、男命為男、女命為女、看生剋考其醞疵、涉水行船、年命與休門參攷詳、其生剋盜洩、則禍福、吉凶可知矣、

潛形避難、杜門占、

註　如我與避難潛形、須詳杜門之與年命宮、剋盜洩決之大約

以生我為吉、剋我為憂、我剋為喜、

信息文書推景上、朱雀之位相兼、朱雀乃係丁奇、

註　如問文書、醞疵音信、動止並有關乎文書者、全以景門、宮、乃朱與年命宮、生剋旺衰決之、

疾病症人年命、與芮星可決死生、

占病以年命、與天芮宮、並生死兩門、生剋參看、其病在內、則奇儀論之、甲胆乙肝、丙小腸、丁心、戊胃、己脾鄉、庚屬大腸、辛肺、壬水

卜雨天蓬壬癸地、占雨有無、看天蓬、壬癸所落之宮、旺衰決之、及得生尅臨相九宮、以參詳之、

田禾要向任星纏、占田禾之時、否須查天任一宮之吉凶、與太歲宮生尅、並三乙宮之、初中末詳之、

英星可以辨晴日、天晴否看天英、值何干如臨地盤壬字、壬日晴、若英星失陷、侯水星神發、沒日可以晴明斷之、

玄武能知賊後前、被竊須詳玄武宮、與命生尅決之、則前後可知矣、

大盜須占六庚下、盜賊虛實來去、以天盤庚所臨、八墓空亡決之、若庚加丙、賊欲來、丙加庚賊乃去、

攻城要將開字先、如占攻城、下寨須要開門、臨中五宮、

禽宿丙奇為我將、敵宮受制他胆寒、丙奇天禽皆為主將、以尅制敵宮為吉、

如占國運、觀太歲、治亂三傳亦共參、占國運以太歲為氣之神、格局吉凶、再以時干、天乙、地乙、太乙、四宮生尅冲合、以參之因革治亂、條然而定之、

應期皆在用神下、欲知應期須在用神之下、查其所值何干奇儀以決日期、假如求財何日得、看生門之下、臨何干者地盤丙字、即斷丙日得也、余倣此、

數目盡從五行語、壬癸乃云一六水、甲乙三八木之談、戊己本為五土、丙丁火色二七言、庚辛欲白何所屬、四九之金在此傳、看景門所臨何宮、的天地支干為數目、旺則財多、衰則半數、如占求財、開科甲名、數均以此論、如景門在何宮、假如天盤癸、加於地盤丁、癸六數丁七數、財名均以六七數斷之、余倣此、

動靜之時皆要卜，驚聞之間亦須占。如我欲動靜之間忽有聞聲忽有此感，及聞事非常，令人驚愕惑我。

志意皆可以卜其禍福休咎吉凶興衰，隆替均知不必拘，拘有事也。

借聞此人來與否，與命相生至必然。問行人來與否，與命相生反格

局和美必然至矣。

狂風凜冽雲出岫，日月交蝕正時鈴。若雲氣非常，風雷奇異，及日月交蝕，虽尤慧星、珥暈及草木非時並之罕見罕。

聞山川忽崩忽竭，皆以此見之日正時起課，則禍福休咎然然前知矣。

右第三章，釋卜安事而用神必觀之義。

戊己庚辛壬癸，儀進茹藏否喜來前。天盘戊加地盘己、庚加辛、壬加癸、乙加丙、丁加戊之類，皆謂之進聯。

正格

茹課凡謀為之事，不論吉凶，均宜進步為上。

辛庚己戊退茹是，休咎皆宜進步旋。天盘辛加地盘庚、己加戊、乙加甲、丁加丙、癸加壬，皆謂退聯茹課，凡所謀求，

無論吉凶，亦宜前進為喜。

乙丁壬甲前間隔，進步途中有阻攔。天盘乙加地盘丁、壬加甲、庚加壬、癸加乙、丙加戊、戊加庚、甲加丙之類，皆謂之前間

格，主於前進，有人阻擱之象。

後間丁乙甲壬類，退後當中犯艱難。天盘丁加地盘乙、甲加壬、壬加庚、庚加戊、戊加丙、丙加甲、乙加癸之類，皆謂之

後門格、主於後退、遮遭有人纏擾之象、

上合乙庚、甲與己、上人親下、下人歡、如天盘乙加地盘庚、甲加己、丙加辛、丁加壬、戊加癸、等皆謂之上合格、是上親下之象、夫見妻

下合壬丁、癸戊、下人恭上、上保安、如天盘庚、庚加地盘乙、壬加丁、癸加戊、辛加丙、己加甲、謂之下合格、以下恭上之象、故主於上人吉、

合土耕種宜農圃、合土格者、謂甲加己、己加甲、相合化土是也、主農圃事、

合金錢財宜兵權、合金格者、謂乙加庚、庚加乙、相合化金、故宜錢財威武事、

合水漂泊宜淫私、合水格者、謂丙加辛、辛加丙、相化水是也、主漂泊淫邪事、

合木發生宜市廛　合木格者、謂丁壬、壬丁相加、為合化宜經營、動作等事、

合火文書與音信、功名等算宜聘賢、合火者、謂戊癸、癸戊相加、化火宜文書謀畧、策等事、

正衝庚上忽逢甲對面冲鋒拘韋　正冲者謂甲加庚乙加辛丙加壬丁加癸之類此对面相冲之向只宜对面而理論冲鋒之事

背冲甲上庚干、背地擊攻可凱旋　背冲者、即反正冲也、如庚甲、辛加乙、壬加丙、癸加丁之類、此反冲之象、宜背攻偷營劫寨等

金冲先要揚威武　天盘庚加地盘甲、辛加乙、謂之冲金格、宜揚威振武、演陣教兵、爭戰鬥殺等事、

木冲須宜用義宣、天盘甲加地盘庚、乙加辛、謂之木冲格、宜用宣揚謙恭下士、藏杯作伏、不宜攻伐之事、

火冲用文兼用火　天盘丙加地盘壬丁加癸、謂之火冲格、宜行文召士出令、安民運第虛謀欺詐、火攻等事、

水冲行知並行船、天盘壬加地盘癸加丁、謂之水冲格、宜用智行詐、酒食筵治、河開渠、水攻水戰之事、

甲己冲庚冲格木、庚來冲甲是金、關諸冲盡是此一類、列其余莫蹟頑、此言冲格之屬、舉一以列其余、

支破即如庚加癸、謀為不就事虛然支破者乃庚癸相加寅申冲破、壬己至加辰戌破、戌辛相加子午破之類、是也、主謀為不就、諸事難成、破財、湯產等事、

耗氣丙奇加六戊、我之財物不保全、丙加戊、丙加庚、丙加壬、丙加甲、丙加丙之類、乃天盤之陽干來生地盤之陽干、以陽生陽、故謂耗氣格、主耗我之元氣、陽而傷我家之財物也、

奪權乙加丁位、我之權衡被人奪專、乙加丁、己加辛、辛加癸、癸加乙之類、乃天之陰干加地支陰干、以陰生陰、故謂奪權格、主被人奪我之權衡也、

丙加於己交陰象、隱匿陰私利伏藏之類丙加己、戊加辛、甲加丁、壬加乙、庚加癸、之類、乃天之陽干來生地陰干、以陽生陰、故為之交陰格、主隱匿陰私、伏藏之象、利行婦女淫邪等事、

丁加戊上交陽星、脫我精神我有傷、丁加戊、己加庚、乙加丙、辛加壬、癸加甲之類、乃天之陰干、生地之陽干、以陰生陽、故謂之交陽格、為損我精神之象、私事黽主近憂、

庚加己為得母、家中歡悅慶嘉祥、庚加己、戊加丁、壬加辛、丙加乙、甲加癸之類、乃下陰生上陽、故謂得母格、主事退然、家中和順、有大人慶也、

己加六丙為獲父、福德貴人在身旁、己加丙、辛加戊、癸加庚、乙加壬、丁加甲之類、乃地之陽干、生天之陰干、下陽生上陰、故謂獲父格、

主得大人之助父兄之護也

庚加戊于東權格假勢興隆大吉昌庚加戊〻加丙〻加甲〻加壬〻加庚之類乃下陽生上陽故謂東權格主得進步乘勢揚威

丁加乙是倚勢格賴恃他人我得揚丁加乙〻加癸〻加辛〻加己〻加丁之類乃地陰生上陰故謂之倚勢格賴恃他人顯揚威

夫甲隱於戊字何由辨出甲加壬丙加甲也然則甲加壬非戊加壬丙加甲

丙加戊是以辨出隱內六甲之時甲之事及占人年命屬甲

者用屬甲日者亦以甲論之如年命亦屬甲及時日月均不屬甲者

可作甲論矣所以明而易解

乙上加〻庚外侵局外人侵我家業隊甲加乙丙加辛戊加癸庚加乙壬加丁之類係陰干尅地之陰干上克下外克內故謂之

外侵格然尅中帶合仍不免有出入之利耳

庚上加乙內侵格家中欺我意不良乙加庚丁加壬己加甲辛加丙癸加戊之類乃陽干尅上之陰天以下克上內克外

故謂之內侵格然合中之尅故家中之人行欺耳

六乙加戊為外害災殃欲起在他鄉乙加戊丁加庚己加壬辛加甲癸加丙之類乃天之陰干尅地陽干上陰尅下陽外朋尅內

陽故謂外害格主外人欲來謀害於我而禍在他鄉也

內害丙奇加在癸是非口舌家內猖丙加癸甲加辛戊加乙庚加丁壬加己之類乃地之陰干尅天之陽干下尅上內尅外故謂之

內害格、内之人要陷害、於我、而禍在家中也、

丙加庚、丙外制、他人轄我、隱鈎鉗、丙加庚、甲加戊、、加壬、、加丙、之類、謂之外制格、上陽下陽、外魁主外人、轄制於我、而我之權、勢不得展也、

庚加丙上、内制己家中、翻騰欲尋、釁、甲加庚、、加丙、、加壬、、加戊、、加甲、之類乃地之陽干、剋上之、陽干内陽剋外陽、謂之内制格、主内人轄制、於我、家裏紛擾、而已志不能伸也、

乙加己位為外亂、外國來兵要侵疆、乙加己、、加癸、、加丁、、加辛、、加乙之類乃天之陰干、上剋下、外剋内、謂之、外亂格、主他國冦兵、外人結黨、欲侵我邊疆也、

己加乙子内人亂、家中日後無主張、己加乙、、加辛、、加丁、、加癸、、加己之類、乃地之陰干、上剋天之陰干、為内剋外、故謂之外亂格主國内、起釁、不守法度、而欲作亂中原也、

夫陽受陰剋為害、陰受陽剋為侵、陽受陽剋為制、陰受陰剋為亂、

又以上剋下為外、下剋上為内、所以明生剋之奥妙、其耗氣奪權、得毋獲父等、等之格、名亦莫不法是矣、蓋陽者剛健之氣、所成陰者柔弱之質、所化故以喻人、凡剛而中正者為君子、柔而陰淫私者、為小人、是以君子利、小人莫不以法度、小人害君子、莫不以偏邪斯格之訂、可為謂

高出諸家奇門之論誠得其真詮之旨矣、惟望後之學子留意焉、

又有一般入墓訣見人不可不分別、即如丁丙加乾六甲乙二(坤也)宮墓庫談、壬癸在巽庚辛入戊己亦同丙丁言、諸事近之多蹇滯、占病垂危訟敗傷、入墓之格大為不祥、諸事逢之多遭厄、占病主亡、詞訟敗、謀事難成多不遂意並有破獄無頭之象必待中墓年月日時始有救免、

甲子旬中忌見己、甲戌可畏甲申、甲申遇辛便為空甲午甲辰壬不精、甲辰最怕甲寅癸、甲寅不宜甲子逢諸所謀求皆不就、

秉空乃是格之名、秉空格者即六甲旬空是也、如甲子直符空甲戌己甲戌直符空甲申庚、以六甲直符落空推之、

六甲落空主求謀不就、諸事不成之象、等出空再問之、

主空主心懷詭詐、主空者即他乙空也主、主人心懷詭詐之情、

空空客意無真情、空空格者即天乙空也、主客人無真情實意也、

太乙空子中人誕、中空格者即太乙空也、主中人謊誕不實等情、

年命空兮自虛驚、命空格中即本人年命空也、主自己虛驚心神不定進退不決之象、

用神空求謀主不定用空格者即用神值空也主自己求謀不遂、主意不定欲行又止進退徘徊之象、

時空跢涉枉費功、時空格者即時干落空也、主事無成也、徒勞無益之象、
格中縱得生扶命、亦屬枉然秋冬、自空之格縱得生扶命宮、亦屬無益也、
天乙乘空名沒首謀為一切始難通、天乙乘空、名沒首格、主事初不利斬首之象、
直使落空名失中、半途而廢枉用功、直使落空、名失中格、主事半途而廢斬腰之象、
直符如或真空住、濡尾格兮澈底空、地乙落空、名濡尾格、主事無遂、着無足之象、
天時空陷無緒任、爾宏謀用不中時干值空、名無緒格、主事無頭緒、失其主宰、任尔有宏謀、廣智妙策多端、而上天不佑、亦難行也
空值天盤為尚可、地盘偶遇定玲瓏、若天盘奇儀值空、事猶可為、無関緊要、惟地盘神空、而時干年命用神、三乙逢之皆主不

利、而事無成就謀為不遂也、
擊刑之格、凶尤甚、六戊刑宮須問東、己刑坤二庚八位、壬癸同刑在巽風、辛
南方午火刑、小人在内作朦朧、年命時干最忌此、勸君不必告蒼
穹、戊臨三宮子卯刑、己臨坤二未戌刑、庚臨八位寅申刑、壬癸到巽位辰自刑、癸到四位寅刑巳、庚者來此巳刑申、辛在南離午刑午、即此皆謂
擊刑格、主小人朦朧、在内大人刑害在外、口舌刑獄、是非詞訟、必旋踵而起也、占病者尤忌
右第四章、釋正格二千生尅分義、

王力軍印

張東海抄

奇門鳴法上卷終 計三百三十六句 共九千四百三十七字